Le Parti noir

Anatole France

Société nouvelle de librairie et d'édition, Paris, 1904

Édition : BoD • Books on Demand GmbH, In de
Tarpen 42, 22848 Norderstedt (Allemagne)
Impression : Libri Plureos GmbH, Friedensallee
273, 22763 Hamburg (Allemagne)
ISBN : 978-2-3225-5668-7
Dépôt légal : août 2024

M. Anatole France a bien voulu nous autoriser à publier sous ce titre « Le Parti Noir » la préface qu'il a écrite pour le recueil des discours de M. É. Combes, président du Conseil. (Une Campagne laïque. Simonis Empis, éditeur).

TABLE DES MATIÈRES

(ne fait pas partie de l'ouvrage original)

En 1897, une affaire, qui touchait l'armée dans ses bureaux et ses conseils de guerre, émut le pays. Pour l'ardeur des passions qu'elle souleva, elle ne peut être comparée qu'à celle de la bulle *Unigenitus*, survenue cent soixante-quatorze ans auparavant et qui fut aussi, j'ai plaisir à le dire, une querelle des Français sur le juste et l'injuste. L'affaire de 1897, sortie d'un jugement secret, avait cela de dangereux, que le mystère dont elle était environnée favorisait le mensonge. À son origine, on trouve les antisémites, qui travaillaient depuis quelque temps la France paisible. Et, qu'il se soit rencontré, par des temps calmes, chez un peuple aimable et tolérant, des hommes pour réveiller les vieilles haines de races et fomenter des guerres de religion, ce serait un sujet d'étonnement, si l'on ne savait d'où venaient ces hommes et si l'on ne reconnaissait en eux des missionnaires de l'Église Romaine. Aux antisémites se joignit bientôt un parti nombreux, le parti noir, qui, dans les salons, dans les faubourgs, dans les campagnes, semait des bruits sinistres, soufflait des nouvelles alarmantes, parlait de complot et de trahison, inquiétait le peuple dans son patriotisme, le troublait dans sa sécurité, l'imbibait longuement de colère et de peur. Il ne se montrait pas encore au grand jour et formait dans l'ombre une masse immense et confuse, où l'on devinait comme une ressemblance avec les frocs cuirassés des moines de la Ligue. Mais, quand il eut rallié toutes les forces de la contre-révolution, attiré les innombrables mécontents de la République, soulevé enfin devant lui tout ce qu'un coup de vent de l'opinion peut emporter de poussière humaine, il dressa son front immense et bigarré, et prit le nom brillant de nationalisme.

La crédulité des foules est infinie. Séduit et furieux, le peuple, par masses énormes, se précipitait dans le piège des antisémites. Et les chefs de l'opinion républicaine, en trop grand nombre, l'y suivaient tristement. La législature s'achevait avec une sourde inquiétude, dans le silence d'un gouvernement dupe ou complice du parti noir et parmi lequel les nationalistes avaient pris des otages. Les élections générales approchant, les moines se découvrirent. Non qu'ils perdissent patience. La patience n'échappe jamais aux religieux. Mais ils rejetèrent toute prudence comme un bagage embarrassant et se lancèrent furieusement dans la lutte politique. Toute la milice romaine donna. Les congrégations non autorisées, se sentant les plus libres, agirent le plus audacieusement. Leur action était préparée de longue main. On retrouve dans toutes les choses ecclésiastiques la constance et la suite. Pour conquérir la domination temporelle en France, l'Église préférait, depuis quelques années, les corps francs, les congrégations non reconnues. Et la multitude de celles-ci augmentait sans cesse dans la France envahie.

En cette occasion, on revit ces vieux ennemis des puissances séculières, ces Petits Pères partout supprimés et partout répandus, les jésuites, dont l'avocat Pasquier disait, au temps d'Henri IV, qu'ils ne tendaient qu'à la désolation de l'État, les jésuites, « premiers boute-feux » de nos troubles. Qu'ils aient dirigé les entreprises des antisémites, au début de l'Affaire, ce n'est guère douteux. On les surprend ensuite nouant des intrigues dans les bureaux de la guerre pour sauver ces désespérés, qui suaient le sang à étouffer la vérité. Aussi bien les jésuites y avaient-ils un intérêt sacré. Ils comptaient sur l'Affaire pour réparer le crime de l'Assemblée constituante, et fondaient cette espérance sur la trahison d'un juif qu'elle déterminerait la France indignée et épouvantée à retirer les droits civils aux juifs et aux protestants et à rétablir ainsi dans ses lois l'unité d'obédience au profit des catholiques romains. Il semble qu'ils aient pris moins de soin qu'à l'ordinaire de se cacher. C'est peut-être que le Père Du Lac se montra peu capable de dissimulation, ou bien qu'ils se croyaient trop sûrs de réussir, ayant, pour cette fois, dans leurs intérêts leurs ennemis eux-mêmes, une foule de libres-penseurs et de républicains.

L'ordre de saint Dominique, institué pour combattre l'hérésie, se retrouva fidèle à sa mission première. Ses prédicateurs tonnèrent avec un éclat formidable, et non toutefois sans précaution. Ils commençaient à être contents de la République et ils attendaient de grands biens du ministère Méline : Un frère prêcheur, le Père Maumus, le dit expressément dans son livre sur *Les Catholiques et les Libertés politiques* : « La politique du cabinet sera, si elle triomphe, infiniment plus avantageuse à l'Église que ne le serait un retour à l'ancien régime. »

Cependant, d'un plus robuste effort que le Gésu et que les Frères prêcheurs, les Assomptionnistes travaillaient à la révolution sainte. C'était un ordre nouveau fondé vers 1850. Ils étaient, dans leurs façons, rudes et grossiers, d'allure paysanne. Ils se disaient pauvres, très pauvres, et, comme les oiseaux du ciel, attendant chaque jour la becquée. Et ils possédaient quatorze maisons avec un fonds de roulement d'un million et plus. On trouvera sur eux des renseignements précis dans le compte rendu du procès qui leur fut intenté[1]. Ils s'étaient enrichis à vendre les miracles de Saint Antoine. On sait ce que la basse dévotion moderne a fait de ce franciscain rempli de courage et de pitié, qui, dans un siècle dur et sombre, consacra sa vie à défendre les pauvres contre l'avarice des évêques et la cruauté des princes. Maintenant, par l'intermédiaire des Assomptionnistes, il retrouve, moyennant un honnête salaire, les objets perdus, et non pas seulement l'argent, les bijoux et les clés. Je sais, à Bordeaux, un propriétaire à qui il a fait retrouver un locataire et une dame à qui il a fait retrouver un attachement. Pour exploiter l'Affaire, ils lancèrent leur journal *La Croix*, rédigé dans le style du Père Duchesne et qui portait pour vignette, au lieu du marchand de fourneaux, Jésus crucifié ; et ce symbole donnait, pour l'égarement des simples, l'onction d'un texte édifiant et la majesté des formes liturgiques à leurs sales injures et à leurs abominables calomnies. Bientôt des *Croix* parurent dans tous les départements, qui répandirent par les campagnes, avec l'image du Christ, le mensonge et l'outrage. De leur imprimerie, « La Maison de la Bonne Presse », sortaient une multitude de revues, d'almanachs, de brochures de propagande religieuse et politique. Ils abondèrent en œuvres, fondèrent des confréries pour favoriser les commerçants catholiques et ramener par la famine les petits boutiquiers à la piété ; ils fondèrent des associations de chevaliers qui prêtaient en leurs mains serment d'obéissance et recevaient un diplôme signé sur l'autel ; ils fondèrent l'œuvre électorale catholique qui, par la suite, prit le nom de Comité Justice-Égalité, et qui se donnait pour objet d'intervenir directement dans toutes les élections municipales, cantonales, législatives, présidentielles, et de triompher ainsi des mécréants comme les croisés du moyen-âge triomphèrent des musulmans. « Ils avaient, dit M. Waldeck-Rousseau, pour tenir le compte-courant des élections, une agence et un agent dans chaque commune. » Ils recueillaient « l'obole des nonnes pour la guerre sainte. » Les quatre vingt-seize cercles catholiques, l'œuvre de Notre-Dame des Armées, qui disposait d'un budget montant à un million et demi de francs, se réunirent à ces religieux.

Les républicains parlementaires qui n'avaient pas su se porter à temps entre leurs électeurs et les nationalistes et avaient laissé l'antisémitisme envahir l'opinion à l'aide des mensonges qu'ils avaient craint de combattre, regardaient, surpris, inquiets, cette entrée en campagne de l'armée noire. M. Léon Bourgeois, dans un discours prononcé à la

Chambre, le 16 novembre 1897, dénonça l'audace croissante des congrégations, signala avec terreur la toute-puissance des influences catholiques dans l'armée, montra dans les villes de garnison, les officiers allant à la messe pour ne pas compromettre leur avancement et envoyant leurs enfants chez les moines qui les élevaient dans la haine et le mépris du pouvoir civil. La Chambre ordonna l'affichage. Mais ni l'orateur ni ceux qui l'applaudirent ne pensèrent un seul moment arracher à ces moines l'arme que leur fournissait l'Affaire, préférant s'en servir eux-mêmes et, pour combattre le nationalisme, s'abriter, du mensonge où l'ennemi se retranchait comme dans une forteresse inexpugnable. Cette audace des moines, qui semblait poussée à son extrémité, s'accrut. Ils excitaient et stupéfiaient les foules flottantes par des promesses fallacieuses et de grossières impostures. Ils entraient dans les complots royalistes, y poursuivant moins la restauration impossible du prétendant que l'établissement d'une dictature militaire et l'organisation d'une force matérielle dont ils eussent été l'âme. Ils se mêlaient aux troubles de la rue, embauchaient des émeutiers. Il n'y avait pas de soir où dans Paris, sur les boulevards, des bandes de jeunes camelots n'allassent criant « Vive l'armée », au profit de l'Église romaine.

Les élections se firent à peu près partout sur l'Affaire, dans un tumulte inouï de menaces et d'invectives, et, si le sang ne coula pas, c'est qu'il y a dans le caractère français un fonds de modération qui ne s'épuise pas vite. Les républicains en sortirent péniblement vainqueurs, après une lutte humiliante, sous un amas d'injures et de calomnies, ayant perdu plusieurs de leurs chefs et laissé en quelques endroits l'avantage à de violents adversaires.

Le péril éclatait. Les républicains du Parlement le virent, mais ils ne découvraient pas encore, ils ne voulaient pas découvrir la cause immédiate de leur faiblesse et de leur abaissement. Ils ne sentaient pas encore la vérité de cette forte parole qu'avait prononcée un des leurs, en renonçant à une candidature législative dont les conditions étaient le silence sur l'Affaire : « Un grand parti, comme le parti républicain, avait dit Maurice Lebon, ne peut impunément laisser violer les principes supérieurs du droit et de la justice, sans perdre ainsi toute raison d'être. » Malgré les efforts de quelques hommes tels que Ranc, Jaurès, Clemenceau, Trarieux, Pressensé, le parti noir avait réussi à maintenir le concert des républicains et des nationalistes sur l'affaire Dreyfus. C'était l'essentiel, car tant que cet accord subsisterait, il était évident que les républicains au pouvoir agiraient à l'avantage de leurs ennemis et seraient, malgré eux, les auxiliaires des moines.

Aussi quand le chef du gouvernement qui les avait menés avec une invincible opiniâtreté à leur ruine politique et morale, et qu'ils n'osaient ni renverser ni soutenir, tomba, et lorsque la direction des affaires passa à un vieux républicain plein d'honneur, Henri Brisson, ce constant ennemi de la Congrégation fut contraint de partager le pouvoir avec les nationalistes et de donner à leur homme, M. Cavaignac, la garde de ce ministère de la Guerre où travaillaient les congréganistes.

Les moines étaient pleins de courage. Ils avaient l'Affaire, la bienheureuse Affaire, suscitée, pensaient-ils, par Dieu lui-même pour ramener la France à la foi catholique. Un des leurs, le père Didon, de l'ordre de Saint-Dominique, supérieur de l'école Albert-le-Grand, prononça, lors de la distribution des prix, que présidait le généralissime Jamont, un discours violent et scolastique dans lequel, avec l'ardeur d'un saint Pierre Martyr et la philosophie d'un saint Thomas d'Aquin, il invoquait la force contre des hommes coupables uniquement d'avoir pensé d'une certaine manière, d'avoir eu une opinion, ce qui, selon la doctrine catholique, est à la vérité condamnable en matière de foi. Et qu'est-ce qui n'est pas matière de foi, depuis que le pape infaillible s'est prononcé sur les mœurs comme sur les dogmes ? Il avertissait le gouvernement qu'en tolérant ce désordre il s'en rendrait complice, annonçait des représailles sanglantes contre ceux qui attaqueraient l'armée, ce qu'il entendait lui-même d'une attaque par la parole et par la plume et qui n'était, dans le fait, que la dénonciation généreuse d'une erreur judiciaire. Enfin il proclamait la subordination du pouvoir civil à l'autorité militaire, mettant ainsi le bras séculier sous l'obéissance directe de la puissance spirituelle.

Faut-il, disait ce moine éloquent, faut-il laisser aux mauvais libre carrière ? Non certes ? Lorsque la persuasion a échoué, lorsque l'amour a été impuissant, il faut s'armer de la force coercitive, brandir le glaive, terroriser, sévir, frapper : il faut imposer la justice. L'emploi de la force en cette conjoncture n'est pas seulement licite et légitime, il est obligatoire : et la force ainsi employée n'est plus une puissance brutale ; elle devient énergie bienfaisante et sainte.

L'art suprême du gouvernement est de savoir l'heure exacte où la tolérance devient de la complicité. Malheur à ceux qui masquent leur faiblesse criminelle derrière une insuffisante légalité, à ceux qui laissent le glaive s'émousser, à ceux dont la bonté tourne en débonnaireté ! Le pays livré à toutes les angoisses les rejettera flétris, pour n'avoir pas su vouloir — même au prix du sang — le défendre et le sauver.

… Aussi, messieurs, la France conserve et soigne son armée comme son trésor sacré ; elle en a le culte, et sa colère serait terrible, ses représailles sanglantes contre les sacrilèges qui oseraient l'attaquer. Malgré l'intellectualisme qui fait profession de dédaigner la force, malgré les excès d'une liberté folle qui s'impatiente et se révolte contre la force, malgré les prétentions du civilisme, si j'ose employer ce mot barbare, qui veut se subordonner le militaire, malgré le cosmopolitisme qui méconnaît les lois de l'humanité que la Providence et la nature même des choses a voulu grouper en nations distinctes, malgré tous les sophismes, les aberrations d'esprits mal équilibrés, malgré les sacrifices que toute armée nationale impose, la France veut son armée, elle la veut forte, invincible et met en elle ses plus chères, ses plus hautes espérances…

Avec une atroce fureur, ce langage exprime toute une doctrine ; il prononce la condamnation des libertés politiques et de la liberté de penser. C'est la proclamation du *Syllabus* dans un appel à la guerre civile. Le généralissime des armées françaises écouta en silence le moine exciter les soldats à la révolte et au massacre. Ainsi, cette fois encore, la robe blanche de Lacordaire fut une liberté, la liberté de la théocratie, garantie par l'épée de la France. Henri Brisson dura peu. Il ne dut qu'à son énergie de durer assez pour faire son devoir, et introduire la révision du procès de 1894, devenue nécessaire après les aveux et le suicide du colonel Henry.

Il n'y a pas de mots pour peindre le ministère Dupuy qui lui succéda. Ce fut le chaos, l'écroulement et l'abîme. La République allait où l'emportait l'Affaire, que soulevaient en hurlant les nationalistes, entraînés par les bandes romaines. Alors régnèrent dans les villes les matraques et les bayados, et une canne aristocratique défonça le chapeau du président Loubet.

Les républicains firent de sages réflexions et virent que le mal qui avait atteint tout à coup l'état aigu était un mal sourd et profond, un mal ancien, et ils trouvèrent à sa racine la loi du 15 mars 1850. Détruite en grande partie, ses effets duraient et ne cessaient de s'étendre. Certes, elle possédait, cette loi Falloux, une qualité que les lois ont rarement à ce point, l'efficacité. Il fallut, pour la faire, que les ultramontains d'alors fussent doués d'une rare prévoyance et d'une habileté singulière et qu'ils eussent ce sens de la continuité et de la durée qu'on trouve plus qu'ailleurs dans la politique de l'Église. Mais ils n'y seraient pas parvenus sans le secours de leurs adversaires qui ne leur fit pas défaut. Ils reçurent l'aide des libéraux, et ce ne devait pas être pour la dernière fois. Les libéraux, comme les autres hommes, sont sujets à la crainte. La Révolution qui avait emporté la monarchie de Juillet grondait encore, et les orateurs des clubs prononçaient les mots effrayants de communisme et de partage. Les bourgeois éclairés qui naguère, tranquilles à l'abri du pouvoir, dénonçaient les intrigues des jésuites, se donnèrent aux ultramontains par épouvante des rouges. La loi Falloux est fille du zèle et de la peur.

Dans la commission préparatoire, l'abbé Dupanloup disait :

— La cause des congrégations est celle de la justice et de la vertu.

Sur quoi ce vieux voltairien de Thiers, se tournant vers son compère Cousin :

— Cousin, Cousin, il a raison l'abbé, nous avons combattu contre la justice, contre la vertu et nous leur devons réparation.

Et le philosophe Cousin s'écriait :

— Courons nous jeter aux pieds des évêques !

Cette loi livrait les trois degrés de l'enseignement à l'Église et coiffait la France du trirègne de l'obscurantisme. Il n'y a pas lieu de rappeler ici l'oppression cruelle de l'enseignement supérieur, quand les évêques brisaient les doux philosophes de l'École normale. Il n'y a pas lieu de rappeler que, pour une parole contraire à l'orthodoxie catholique, Renan fut mis à bas de sa chaire du collège de France. Ce qu'il suffit d'indiquer, c'est le sort que la loi

Falloux fit à l'enseignement primaire et à l'enseignement secondaire. Dans des milliers de communes, les écoles publiques furent données aux congréganistes. La lettre d'obédience l'emporta sur le brevet de capacité et une partie du peuple fut instruite dans l'ignorance et formée aux disciplines de l'erreur. Les jésuites, les marianistes, en possession de toute la clientèle noble, attirèrent dans leurs établissements les fils de la bourgeoisie riche et vaine, qui, jalouse de ressembler à la noblesse, pouvait du moins l'imiter dans ses préjugés. Ils s'attachèrent spécialement à former de bons candidats aux grandes écoles navales et militaires. L'Université est une bonne mère : mais quand ses nourrissons ont quitté son sein, elle ne les connaît plus. Les Pères, au contraire, n'abandonnent jamais leurs élèves. Beaucoup l'ont dit avant moi, notamment, en excellents termes, M. Joseph Reinach. Ils les suivent dans la vie, ils les marient. Ils les font avancer dans les administrations, dans l'armée, les poussent dans le grand commerce, dans l'industrie, dans le barreau, dans la médecine, dans les carrières scientifiques. Ils s'assurent ainsi des intelligences dans tous les rangs de la société et dans tous les organes de l'État. Ils forment une immense agence sociale. Un visiteur, étant entré dans la cellule du père Du Lac, ne vit qu'un seul livre sur la table de travail, l'Annuaire.

Un ministère de défense républicaine fut constitué, avec M. Waldeck-Rousseau pour chef. Ce n'étaient pas seulement son autorité de légiste, son expérience des affaires, sa rare intelligence et son grand talent oratoire qui le désignaient à tous comme défenseur des droits de la société civile et de l'indépendance de la République. En 1883, lors de la discussion de la proposition Dufaure sur les associations, étant ministre de l'Intérieur dans le cabinet Jules Ferry, il avait déjà combattu au Sénat l'invasion monastique et c'était à la politique, trop vite abandonnée, de Jules Ferry qu'on demandait au nouveau ministère de revenir. De plus, M. Waldeck-Rousseau était unanimement reconnu pour libéral et modéré ; l'on savait que, conduite par lui, la défense républicaine ne coûterait rien à la liberté. Enfin, si la majorité renfermait des radicaux et des socialistes, il s'y trouvait aussi des républicains de nuances pâles ou, si l'on aime mieux, de nuances douces, et il est plus facile, dans un parlement, de faire accepter aux avancés un chef modéré que d'imposer aux modérés un chef moins modéré qu'eux.

M. Waldeck-Rousseau, quand il se présenta devant la Chambre avec ses collègues, fut accueilli par les invectives et les hurlements des nationalistes. Et, ce qui dut lui être plus sensible, ses amis les plus proches, les républicains libéraux, lui refusèrent leur appui. Libéraux, ils entendaient défendre avec le nationalisme la liberté du privilège et de la domination : ce qui était beaucoup accorder aux principes, ou plutôt jouer sur les mots. On sait que les doctrinaires aiment assez ce jeu. La majorité républicaine, ainsi entamée, n'était pas très nombreuse, mais elle ne manqua pas au ministère Waldeck-Rousseau pendant les trois années qu'il garda le pouvoir.

L'œuvre de ce ministère fut la loi du 1er juillet 1901 sur les associations, disposant qu'aucune congrégation ne peut se former sans autorisation. Les congrégations existantes au moment de la promulgation de cette loi, qui n'auraient pas été autorisées ou reconnues, devraient demander l'autorisation. Celles qui ne l'auraient pas demandée dans les délais légaux ou à qui elle aurait été refusée seraient réputées dissoutes de plein droit. La liquidation des biens détenus par elles aurait lieu en justice. De plus, cette loi interdisait d'enseigner aux membres des congrégations religieuses non autorisées. Loi si traditionnelle et si française, qu'on en retrouve l'esprit et les termes dans toute notre vieille législation, et qu'on entend dans le passé les juristes du nouveau régime et de l'ancien parler comme M. Waldeck-Rousseau. L'article de la loi du 1er juillet 1901, ce n'est pas autre chose que l'article 7 de Jules Ferry. L'exposé des motifs, on le trouve, pour ainsi dire, dans une note rédigée sous le Second Empire par le ministre Rouland, et que cite M. Combes dans son discours au Sénat, le 21 mars 1903[2]. En 1847, le ministre Salvandy déposa un projet de loi portant que « nul ne peut diriger un établissement particulier ou y exercer des fonctions quelconques, s'il appartient à une congrégation non autorisée. » Et Odilon Barrot disait alors : « Je ne serai pas plus libéral que la Constituante, je n'admettrai pas que mon pays puisse être couvert de congrégations et de couvents en face de la loi, qui resterait silencieuse et impuissante. » Sous la Restauration, si favorable aux religieux, en vertu de la loi de 1825, aucun établissement congréganiste ne pouvait être fondé sans une loi et à ceux déjà existants il fallait un décret pour fonder de nouvelles maisons. Quant à l'ancien régime, il est bien vrai que les grasses abbayes, que le roi donnait en apanage à ses ministres, à ses bâtards, à ses favoris et à ses maîtresses, étaient au-dessus des lois. Mais en cette matière, partout où le parlement pouvait atteindre, il prenait, pour le bien de l'État, des dispositions que la loi du 1er juillet 1901 ne fait que reproduire.

L'édit de 1749, rédigé par le chancelier d'Aguesseau, ordonnait qu'il ne pût être fait aucun nouvel établissement de chapitres, collèges, séminaires, maisons ou communautés religieuses sans la permission expresse du roi. Toutes donations de biens faites aux établissements religieux qui n'avaient pas obtenu de lettres patentes étaient nulles ; les ayants droit pouvaient les réclamer du vivant des donateurs. S'ils ne le faisaient, ces biens étaient vendus au plus offrant et dernier enchérisseur et le roi en confisquait le prix. Cet édit de 1749 ne faisait que renouveler d'anciennes ordonnances. Estienne Pasquier dit au livre III, chapitre XLIV, de ses *Recherches sur la France* : « Il n'est permis aux communautés ecclésiastiques posséder biens temporels et les unir à leurs tables (*menses*, revenus) soit par donations entre vifs ou testamentaires, ni par acquisitions, sans la permission expresse du roi, lequel peut, s'il veut leur enjoindre d'en vider leurs mains, afin que ces biens ne tombent point en mainmorte. »

Après avoir parcouru cette longue suite de lois, on ne croira plus que celle du 1ᵉʳ juillet 1901 est singulière ; on ne lui trouvera rien d'un monstre ; on s'apercevra plutôt avec inquiétude qu'elle ressemble trop aux autres, qui n'ont point eu l'effet qu'on en attendait, et il sera impossible de ne pas craindre que des prescriptions vaines et méprisées sous les régimes qui inspiraient au pape la confiance ou la peur, ne soient encore plus insuffisantes pour la défense du régime que l'Église hait le plus et redoute le moins. Est-il besoin de le dire ? Cette loi, qui n'était qu'une nouvelle consécration d'un des plus vieux et des plus constants principes du droit public en France, fut considérée par le parti noir comme un exécrable attentat à la liberté. M. Waldeck-Rousseau l'avait présentée avec courage et soutenue avec talent devant les Chambres. Il restait à l'appliquer quand s'acheva la législature.

Pendant que les Chambres délibéraient, les religieux travaillaient, cette fois encore, à gagner le suffrage universel. On ne peut reprocher aux jésuites d'y avoir mis trop de secret. L'un d'eux, le père Coubé, prononça, le 25 avril 1901, dans l'église de Lourdes, devant les zouaves de Patay, un discours dans lequel il en appela « au glaive électoral qui sépare les bons des méchants », invoqua Notre-Dame de Lourdes sous le nom de la « Vierge guerrière » et s'écria d'une voix martiale : « À la bataille sous le labarum du Sacré-Cœur ! Un labarum n'est pas un signe de paix, mais un signe de guerre[3]. »

Ce discours fut imprimé sous le titre de *Glaive électoral* et répandu à des milliers d'exemplaires. Mais pourquoi parler de Lourdes et du père Coubé ? Dans tous les diocèses, les religieux prononcèrent des sermons politiques avec l'approbation des évêques concordataires. Et nous penserons comme M. Léon Chaine, catholique sage et solitaire, que de tels discours ont beaucoup aidé M. Waldeck-Rousseau à obtenir du Sénat le vote de la loi des associations.

Les élections de mai 1902 se firent sur cette loi. Il n'y eut, autant dire, que deux partis : les ministériels et les gens d'Église, qui furent abondants en intrigues et excellèrent dans la calomnie. Le ministère fut appelé ministère de l'étranger et ministère Dreyfus, ce qui voulait dire ministère de la trahison. Car l'erreur judiciaire de 1894 constituait le dogme fondamental des Noirs.

Dans la nouvelle Chambre, assez différente de la précédente, les nationalistes entraient un peu fatigués de leur effort, mais accrus en nombre, sans qu'on pût affirmer qu'ils avaient été élus uniquement par des adversaires de la République, puisqu'ils s'étaient proclamés républicains et qu'il fallait plutôt croire qu'ils avaient réuni sur leurs noms des ennemis avisés et des amis séduits de la démocratie. Ils pouvaient eux-mêmes, en un sens, se dire républicains, puisqu'ils étaient, ou consciemment ou à leur insu, les instruments du parti noir qui voulait non pas renverser la République, mais s'en emparer. Cependant les progressistes, qui avaient refusé de seconder le ministère

Waldeck-Rousseau dans son œuvre de défense républicaine et dans sa lutte contre le cléricalisme, revenaient fort diminués, ayant perdu plus d'un quart de leurs électeurs, qui avaient passé soit aux nationalistes soit aux radicaux, plus sûrs ainsi de trouver ou des adversaires violents ou des défenseurs énergiques de la politique ministérielle. Cela était de grande conséquence. Et l'on pouvait prévoir que le parti, que pourtant décorent le grand talent de M. Ribot et le beau caractère de M. Renault-Morlière, se traînerait sans gloire sur les bords indéterminés du cléricalisme.

Enfin une majorité donna raison au gouvernement de défense civile. Il parut bientôt que cette majorité était plus forte que la précédente, et surtout plus résolue. Victorieux, M. Waldeck-Rousseau quitta le pouvoir.

Amyot, dans sa traduction de Plutarque, dit au chapitre LVI de la *Vie de Solon* :

« Ayans donques ses loix ainsi esté publiées, il venoit tous les jours quelques-uns vers luy, qui lui en louoyent, ou luy en blasmoyent quelques articles, et qui le prioyent d'en oster ou bien d'y adjouxter quelque chose, et plusieurs luy venoyent demander comment il entendoit quelque passage, et le sommer de leur déclarer en quel sens il le falloit prendre. Parquoy considérant que de refuzer à le faire il n'y auroit point de propos, et qu'en le faisant aussi il s'acquerroit beaucoup d'envie, il proposa comment que ce fust de se retirer hors de ces espines pour éviter les hargnes, plaintes et querelles de ses citoyens : car, comme il dit luy mesme,

« Difficile est pouvoir en grand affaire

« Entièrement à chascun satisfaire.

« Si prit la charge de conduire un navire pour donner quelque couleur à son voyage et à son absence. »

M. Waldeck-Rousseau fit un voyage en mer pour de moins timides raisons. Il allégua qu'il avait accompli son programme et que l'ordre public était rétabli. L'ordre, sans doute, était rétabli dans la rue. Mais toutes les causes du trouble subsistaient dans les esprits et il restait à appliquer la loi sur les associations, tâche nécessaire et laborieuse.

Elle échut à M. Émile Combes, sénateur, l'ancien ministre de l'Instruction publique du cabinet Bourgeois. Président de la Commission chargée d'examiner cette loi des associations, il avait prononcé, à ce titre, un discours au Sénat, le 21 juin 1901, pour défendre l'article 14 qui consacrait « l'incapacité légale des membres des congrégations non autorisées en matière d'enseignement ».

La majorité savait donc ce qu'elle avait à attendre de lui.

M. Waldeck-Rousseau avait peut-être désigné M. Combes au choix du Président de la République. Tout au moins il connaissait les intentions de M. Combes et les approuvait. Comment les eût-il ignorées ? M. Combes avait parlé devant le Sénat. Et depuis lors, bien loin de cacher sa pensée, il avait saisi toutes les occasions de la faire connaître. Au printemps de 1902, M. Jules Huret ouvrit pour le *Figaro* une enquête sur les lois de la laïcisation. Il alla trouver tout d'abord M. Combes dans la paix du

Luxembourg, et lui ayant fait plusieurs questions sur les avantages et les inconvénients du monopole d'État, il lui demanda :

— Au cas où, même du fait de l'abrogation de la loi Falloux, l'enseignement libre ne serait pas supprimé, pensez-vous qu'on prendra des mesures pour arrêter le développement de l'enseignement congréganiste, et quelles mesures ?

M. Combes répondit :

— La loi des associations y a pourvu. Si le gouvernement l'exécute dans l'esprit qui l'a conçue, l'enseignement congréganiste aura vécu.

Cet interview parut dans le *Figaro* du 18 mars. Et l'on ne voit pas que M. Waldeck-Rousseau ait reproché alors à M. Combes de transformer une loi de contrôle en loi d'exclusion.

Dès le mois de juin, en application de la loi de 1901, M. Combes fit fermer, par décret, cent vingt-sept établissements qui, depuis la promulgation de cette loi, avaient été créés sans demandes préalables d'autorisation. Au mois d'août, il fit fermer les établissements qui, n'ayant pas demandé l'autorisation dans le délai de trois mois, se trouvaient en contravention avec la loi. Il y eut de la surprise et de l'indignation parmi les Noirs. La surprise était sincère. Je dirai même qu'elle était légitime ; car on n'admettait pas alors qu'une loi contre les congrégations pût être appliquée. Ce n'était pas l'usage. Quant à l'indignation, elle fut violente chez les modérés de la Chambre. L'un d'eux, naturellement aimable, parla de crime contre la liberté et l'humanité. Mais cela doit s'entendre au sens parlementaire. Le monde des couvents prépara des manifestations publiques. Il y eut, au soleil de juillet, de saintes promenades dans les villes et les campagnes. À Paris, des foules aristocratiques firent cortège aux sœurs expulsées. On vit les femmes fortes dont parle l'Écriture s'acheminer par les Champs-Élysées vers le ministère de l'Intérieur, où elles espéraient apaiser leur soif du martyre, qui n'y fut point étanchée. En Bretagne, les comités catholiques organisèrent la résistance à la loi. Les hommes d'Église exhortaient à la haine les femmes et les enfants, poussaient au combat les paysans ivres de religion et d'eau-de-vie, organisaient des gardes de jour et de nuit autour des maisons d'école. Devant ces maisons, des prêtres, commandés par des officiers en retraite, construisaient des barricades, creusaient des fossés et lançaient sur le commissaire excommunié des jets du liquide infect dans lequel mourut l'impie Arius. On vit le desservant d'une commune, couché sur le pavé de l'école, obliger les gendarmes à l'emporter comme un paquet.

« C'est la tactique ordinaire des partis cléricaux, a dit Renan dans son *Histoire du peuple d'Israël*. Ils poussent à bout l'autorité civile, puis présentent les actes d'autorité qu'ils ont provoqués comme d'atroces violences. »

On trouvera dans les discours de M. Combes des récits fidèles et pittoresques de ces journées. Mais voici un fait qui montre l'état où les excitations du clergé avaient mis les catholiques bretons : Certain prêtre, ayant versé un baquet d'ordures sur un commissaire de police, un riche présent lui fut offert, en mémoire de ce grand acte, par souscription publique. Qu'on se rappelle ces refus d'obéissance, opposés par des officiers à des ordres légitimes, ces démissions jetées au ministre de la guerre par des militaires dévôts. Qu'on se rappelle ces arrêts factieux, rendus par des juges qui se refusaient à appliquer la loi aux congréganistes, et l'on jugera que les esprits n'étaient pas aussi apaisés que M. Waldeck-Rousseau l'avait cru.

M. Combes, insensible aux injures et aux menaces, poursuivit son œuvre. Aux Chambres appartenait d'accorder ou de refuser l'autorisation demandée par les congrégations non reconnues, conformément à la loi de 1901. Ces demandes étaient nombreuses, et s'il avait fallu que chacune fît l'objet d'une loi spéciale et fût soumise à l'une et à l'autre Chambre, dix ans n'auraient pas suffi ; la loi n'aurait jamais été appliquée ; et l'on ne pouvait supposer que telle fût l'intention du législateur, même dans une loi sur les congrégations. Après avis du Conseil d'État, le gouvernement présenta les demandes d'autorisation avec un dispositif qui permît aux Chambres de voter par oui et par non, et les demandes rejetées par l'une des Chambres ne furent pas présentées devant l'autre, puisqu'elles avaient dès lors cessé d'être légalement admissibles. Le gouvernement divisa les congrégations en trois groupes : les enseignantes, les hospitalières et les contemplatives, et fit un projet spécial pour chacune de ces trois catégories.

Cette méthode, qui avait pour la droite le grand inconvénient de rendre la loi applicable, fut combattue par des arguments juridiques auxquels le ministre a répondu ainsi qu'on verra dans son discours à la Chambre des députés, le 18 mars 1903[4].

Il parut soudain qu'il était en désaccord sur ce point avec son prédécesseur, et l'on ne pouvait nier que M. Waldeck-Rousseau n'eût beaucoup d'autorité pour interpréter une loi qu'il avait lui-même proposée et soutenue. Mais il revenait d'un long voyage et il s'y prenait un peu tard pour donner son avis. Cet avis en lui-même était de nature à satisfaire moins ceux qui avaient voté la loi que ceux qui l'avaient repoussée. M. Waldeck-Rousseau faisait connaître qu'il était dans les intentions du législateur que chaque demande fût examinée séparément et soumise aux deux Chambres. Et il ne cacha pas que, à son avis, les pouvoirs publics devaient accorder les autorisations très libéralement, que le refus, en bonne justice, devait constituer l'exception et non la règle. Enfin, qu'il ne fallait pas « transformer une loi de contrôle en loi d'exclusion. »

La pensée de l'ancien président du conseil prenait, à cette heure tardive, l'élégance d'une spéculation pure et se revêtait d'une grâce nonchalante. Mais, dans son désintéressement et son détachement même, elle combla d'un espoir inattendu tous ceux qui voulaient accorder aux congrégations la liberté avec le privilège. Et telle est l'autorité, tels sont le savoir juridique et le talent oratoire de M. Waldeck-Rousseau que le Sénat, la Chambre, le public, s'émurent. On voyait avec surprise que tout le monde, amis et adversaires, s'était trompé sur les intentions de cet homme d'État, et que la loi, sur laquelle la France entière se querellait depuis six mois, n'était pas du tout ce qu'on croyait. Contrairement à toutes les apparences, M. Waldeck-Rousseau estimait (on le savait maintenant) qu'après avoir chassé les plus actives et les plus violentes associations, ces religieux qu'il nommait les moines ligueurs et les moines d'affaires, ces assomptionnistes ignares et furieux que le pape lui-même n'osait pas avouer, la République pouvait vivre heureusement avec le vaste reste des moines contemplatifs, hospitaliers, enseignants, idée étrange dans un esprit si judicieux, car sa loi, appliquée dans cet esprit et dans cette forme, devenue, comme il le disait lui-même, une loi de contrôle, laissait espérer à toutes les congrégations qu'elle ne dissolvait pas une sorte d'autorisation et de reconnaissance qu'aucun gouvernement, pas même celui de la restauration, n'eût osé leur accorder si largement. Et vraiment il ne manquait plus à M. Waldeck-Rousseau qu'une entente avec le Saint-Siège, laquelle se serait bientôt faite, pour conclure un Concordat plus onéreux que celui de 1801, pour reconnaître les réguliers comme le premier consul avait reconnu les séculiers, pour rendre à la France « l'homme juste » de Pie VII, pour devenir enfin le Bonaparte des moines. Entreprise de pacification sans doute grande et généreuse, mais pleine de périls et qu'un Napoléon lui-même eût trouvé imprudente, bien qu'il eût contre la partie adverse des garanties qui manquent à la République, comme de fusiller les Pères conspirateurs et d'envoyer dans un régiment les moinillons tumultueux ! Extrémité surprenante des conceptions d'un rigoureux légiste ! Après nous avoir délivrés des moines ligueurs et des moines d'affaires, M. Waldeck-Rousseau nous donnait des moines d'État ! On ne peut méconnaître les grands services qu'il nous a rendus, mais il fallut bien défendre sa loi contre lui-même. C'est ce que fit M. Combes.

Le programme ministériel comportait l'abrogation de la loi Falloux dont, à vrai dire, il restait peu. Lors de la discussion, au Sénat, du projet Chaumié, qui donnait satisfaction sur ce point à tout le parti républicain, la question de la liberté de l'enseignement fut soulevée et mit aux prises les partisans et les adversaires du monopole. Il est nécessaire d'indiquer ici l'attitude de M. Combes dans cette discussion, bien que ce soit dépasser la période comprise dans ce volume. Mais on donnerait une idée incomplète et fausse de la politique de ce ministre républicain si l'on ne montrait pas qu'elle va prudemment et sûrement à la laïcisation entière de l'enseignement à tous les degrés. M. Combes s'est prononcé plusieurs fois, et toujours dans le même sens, au sujet de la liberté d'enseigner la jeunesse. Il ne range pas cette liberté « au nombre des droits essentiels qui sont inséparables de la personne du citoyen. » Il estime « qu'il appartient au pouvoir social d'en régler l'usage et d'indiquer suivant quel mode et dans quelles limites elle peut fonctionner. » Il la tient pour « une concession du pouvoir social » et se plaît à citer cette maxime de Victor Cousin : « Le droit d'enseignement est une délégation de l'autorité publique ». Il admet des conditions d'incapacité professionnelle, et reconnaît qu'en sortant de la société, en renonçant à vouloir, on se rend inapte à former la jeune volonté d'un être social. C'est le cas des moines. Mais le clergé séculier, outre qu'il est parfois difficile de le distinguer du clergé régulier, prononce aussi des vœux, embrasse un genre de vie, obéit à une direction spirituelle qui rendent suspects ses enseignements civiques et moraux. M. Combes était donc amené par ses doctrines à proposer, dans la mesure permise par l'état des finances, la laïcisation complète de l'instruction publique.

Ministre, il restait fidèle à sa pensée du 18 mars 1902, quand il avait dit à M. Jules Huret : « Si le gouvernement exécute la loi des associations dans l'esprit qui l'a conçue, l'enseignement congréganiste aura vécu. »

Avant de reconnaître que c'est là, sans doute, tenir en suspicion la morale chrétienne, il conviendrait de se demander s'il y a vraiment une morale chrétienne et, peut-être, découvrirait-on qu'il y en a plus d'une. Le christianisme, quoi qu'il semble, a beaucoup varié dans ses dogmes ; il a varié plus encore dans sa morale. Faut-il en être surpris ? Il est vieux de dix-neuf siècles. Il aurait moins duré s'il avait moins changé. Il a traversé des peuples nombreux, des races diverses, des civilisations ou barbares ou corrompues ; il a connu trois formes successives du travail : l'esclavage, le servage, le salariat, et il s'est plié à toutes les conditions sociales dans lesquelles il a vécu. Il a nécessairement professé beaucoup de morales. Mais ce n'est pas la question. Et il suffit en ce moment de considérer ce que des religieux ignorants, des filles simples, enseignent, sur le bien et le mal, aux petits enfants des écoles. Sans doute, la morale chrétienne, ainsi définie, peut passer pour innocente. Il faut considérer la simplicité de celui qui la donne et de ceux qui la reçoivent, et se garder du ridicule de découvrir dans la pensée naïve d'un bon frère les monstres d'une noire théologie. Pourtant, en y regardant de plus près, on sera surpris et attristé de reconnaître que cette pensée manque de tendresse humaine et de générosité, que l'idée du devoir s'y montre intéressée, égoïste et sèche, et qu'enfin le bien y consiste presque uniquement dans l'observation de pratiques insignifiantes et de formules absurdes. Ce n'est pas la faute du pauvre moine. Sa doctrine l'oblige à lier les âmes à son dieu incompréhensible, avant de les unir entre elles par la sympathie et la pitié.

La morale puérile des religieux a surtout le tort grave d'imprimer la peur dans l'âme des enfants et d'effrayer les jeunes esprits par des images de flammes et de tortures, par la menace de supplices atroces. Ils enseignent à leurs écoliers qu'on ne peut échapper à l'enfer éternel qu'en observant des règles de vie minutieuses et compliquées, dans lesquelles le désintéressement n'a point de place. J'ai sous les yeux un petit livre de piété, à images. On n'y voit que brasiers, fournaises, diables cornus, armés de broches et de fourches. Cela nous semble ridicule. Mais c'est odieux. Qu'il y ait quelque chose d'inhumain au principe de la morale congréganiste, c'est ce que je ferai mieux sentir par un exemple.

Je le prendrai dans une de ces congrégations autorisées, auxquelles la loi, pour des raisons budgétaires et nullement confessionnelles, laissera encore, durant un certain nombre d'années, l'enseignement primaire qu'elle a retiré aux congrégations non reconnues. Je le prendrai dans l'institut religieux le plus fréquent en écoles, le plus abondant en élèves que possède notre pays, si riche en œuvres monacales. Ce n'est rien qu'un mot. Mais il vaut qu'on le rapporte avec toute l'exactitude possible. Voici :

Dans l'automne de 1895, me trouvant à Saint-Émilion, j'allais visiter la maison de Mme Bouquey. Cette dame, on le sait, cacha pendant un mois, dans une galerie souterraine, sept girondins proscrits. Son dévouement la perdit et ne les sauva pas. Elle fut guillotinée à Bordeaux. Valady, Salle, Guadet et Barbaroux périrent à la même place. Buzot et Pétion se donnèrent la mort dans un champ de seigle où leurs corps furent retrouvés à demi dévorés. Louvet seul échappa. Quand je vins, il y a sept ans, à la vieille maison Bouquey, basse, sous son toit de tuiles, et qui regarde tristement les buis et les ifs d'un maigre jardin clos, les frères ignorantins y tenaient une école. Elle était déserte en ces jours de vacances. Le supérieur me reçut.

C'était un petit vieillard à l'œil vif, à la parole claire et brève. Il me conduisit obligeamment dans le logis dont les dispositions n'ont guère été changées depuis le départ de Mme Bouquey. Une des chambres a gardé sa cheminée du dix-huitième siècle, où l'on voit sur le bandeau de marbre blanc, dans un cadre de perles, le B des Bouquey. Le Frère supérieur me dit qu'il avait beaucoup entendu parler de cette dame, et que même un avocat de Bordeaux lui avait donné un livre où il était question d'elle. Nous descendîmes dans une galerie de calcaire dont les parois blanches s'éclairaient d'un jour livide.

— C'est là, me dit le religieux, que les sept girondins mis hors la loi se tinrent cachés pendant un mois. Ils y entraient et en sortaient par le puits que vous avez vu dans le jardin et qu'on nomme encore le puits des Girondins.

Nous échangeâmes quelques paroles. Il observait dans ses propos une extrême prudence et s'abstenait de tout jugement. Mais à la façon dont il exposait les faits, il me parut qu'il en savait sur l'histoire de la Révolution dans le département un peu plus qu'on n'aurait attendu d'un esprit aussi peu curieux qu'était certainement le sien.

Évitant moi-même avec soin de toucher aux croyances, aux doctrines, je lui dis quelques mots de ces hommes éloquents et jeunes, tombés de leur brillante popularité, abandonnés de tous, mis hors la loi, enthousiastes encore de leur cause perdue, soucieux, en attendant la mort, de défendre leur mémoire, et je prononçai avec sympathie le nom de cette aimable femme qui les nourrissait dans un moment de disette, elle-même rationnée, suspecte dès qu'elle cherchait des vivres, et qui cachait des proscrits, sans craindre ce qu'un républicain d'alors appelait la contagion du supplice.

Après m'avoir écouté très attentivement, le frère supérieur demeura silencieux, les mains croisées et les yeux baissés.

Puis, secouant la tête, et tournant ses clés entre ses doigts :

— J'ai beau y regarder, dit-il ; je ne découvre là, ni d'un côté ni de l'autre, des œuvres méritoires, de bonnes actions. Je n'y vois que des vertus humaines.

J'admirais. En quelques mots, c'était toute une doctrine. Ce simple vieillard exprimait tranquillement, avec douceur, les sentiments de profonde et sainte inhumanité dont il était nourri. C'était un religieux. Il professait que les œuvres sans la foi sont vaines. Je ne dis pas qu'il fût capable pour cela de dessécher et désoler le cœur des petits gars girondins qui passaient sous sa férule dans la vieille maison Bouquey. Il ne faut pas supposer tant de vertu à une doctrine. Mais enfin, comme disait l'abbé Morellet quand on lui parlait des chefs-d'œuvre de la pénitence : « Si ce n'est pas là du fanatisme, je demande qu'on m'en donne la définition. »

Et c'est pourquoi nous sommes heureux d'entendre M. Combes déclarer que les enfants reçoivent à l'école laïque « les principes d'une morale d'autant plus solide qu'elle est indépendante de tout dogme et d'autant plus noble qu'elle est dérivée uniquement des idées éternelles et nécessaires de justice, de devoir et de droit. »

Les dévots disent volontiers que M. Combes est Robespierre, sans songer que le grand pontife de l'Être suprême faisait l'unique espoir des prêtres quand on le renversa. Ils le traitent de jacobin, en quoi ils montrent qu'ils connaissent bien mal la Société des Amis de la Constitution. Ils le nomment Dioclétien, et c'est précisément le nom que reçut en 1828 M. de Martignac. Ils le nomment aussi Hérode. Je ne crois pas qu'ils le fâchent. Aucune injure, aucune calomnie ne lui a été épargnée. Il les avait prévues. Il a dit noblement à la Chambre, dans la séance du 17 octobre 1890 :

« Quand j'ai consenti à assumer la responsabilité du pouvoir pour la tâche qui s'imposait au nouveau ministère, je ne me suis fait aucune illusion sur le sort qui m'était réservé. Je savais d'avance que j'aurais à subir une avalanche d'attaques injustes, de calomnies systématiques et d'injures grossières. J'ai tout prévu et tout accepté. »

En lisant le recueil de ses discours, on sent la probité de son esprit, et, si l'on songe que ses actes ont toujours été d'accord avec ses paroles, on ne lui déniera pas la fermeté du caractère. On ne doutera pas non plus de son goût pour la simplicité, l'ordre et la clarté. Ce sont là les ornements sévères de son langage. Dans sa petite maison blanche de Pons où se voit encore la sonnette du docteur (car il pratiqua longtemps la médecine), M. Combes passe ses vacances en promenades et en lectures. Il sait les langues anciennes et il aime, m'a-t-on dit, les orateurs et les historiens grecs. Il a raison. Les Grecs ont ce mérite, entre autres, de garder la juste mesure et de n'être jamais excessifs. M. Combes les suit en cela. Il n'est point déclamateur et n'enfle jamais la voix. On ne trouvera pas dans ses discours la moindre trace d'emphase.

Je n'en dirai pas davantage et me garderai bien de le louer : il est au pouvoir et son œuvre n'est pas achevée.

Du succès de cette œuvre, à laquelle travaillent le ministère et la majorité républicaine, dépendent les destinées de notre pays, et il s'agit de savoir si le sort de la Belgique nous est réservé ou si notre grande démocratie pourra se développer dans l'ordre et dans la liberté. L'échec de la politique suivies par les Chambres depuis cinq ans nous livrerait au parti noir et aux artisans de la contre-Révolution.

Depuis que Bonaparte a restauré le culte en France, tous les gouvernements qui se sont succédé ont accru la richesse et la puissance de l'Église, et ce ne sont pas ceux qui l'ont le plus aimée qui l'ont le mieux servie. La Restauration fit moins pour elle par amour que le gouvernement de Juillet et le second Empire par intérêt ou par peur. Et certes un Villèle n'était pas capable de lui rendre les services qu'elle a reçus d'un Guizot. Quant à la troisième République, née dans les convulsions de cette Assemblée de Versailles qui voua Paris au Sacré-Cœur, elle grandit sous le péril romain qu'elle ne pouvait pas toujours conjurer, qu'elle ne sut pas toujours regarder en face et qui la menace encore.

La fixité des mots, qui désignent des choses mouvantes, trompe les esprits et cause de faux jugements. Les noms de

Pape et d'Église demeurent, mais ils ne représentent autant dire rien de ce qu'ils représentaient il y a cent ans, il y a seulement trente ans. Depuis 1869, depuis le concile du Vatican et la retraite du Souverain Pontife dans sa forteresse spirituelle, une papauté nouvelle est née. Au pape Roi a succédé le pape Dieu. Le nouveau dogme de l'infaillibilité, qui sembla un coup de folie religieuse, fut un acte d'habilité politique.

Promulgué à l'heure où Pie IX perdait les derniers restes de son domaine royal, ce dogme substituait à la souveraineté abolie des Légations la souveraineté éventuelle de l'univers. En disparaissant à jamais derrière le Vatican, ce palais sans façade et presque sans abords, le pape semblait dire : « Quand j'aurai laissé Rome à l'impie, quand je ne serai plus nulle part sur la terre, je serai partout et ma Rome sera le monde. » Expansion violente de la papauté subtilisée ! Si l'infaillibilité du pape en matière de dogme est d'ordre théologique, l'infaillibilité du pape en matière de morale est d'ordre politique ; c'est la mainmise sur toutes les consciences, c'est la direction temporelle des sociétés, c'est le *Syllabus* imposé aux États comme acte constitutionnel.

Rêve ? non pas ! Réalité solide. Et ce n'est pas Pie IX seul qui a fait cela ; ce ne sont pas seulement ses cardinaux, ce sont les Églises de toutes les nations, c'est l'Église. Et dès lors, pour s'emparer de la conscience des individus et des peuples par tout le globe, la papauté mit en marche l'armée la mieux commandée et la plus disciplinée qu'on eût jamais vue, évêques, prêtres, moines et les tiers ordres.

Sans doute la papauté avait aspiré de tout temps à la domination universelle et médité de suspendre la terre à l'anneau du Pêcheur. Depuis le douzième siècle, les papes disputèrent à nos rois le gouvernement du royaume. Mais qu'était le pape d'alors auprès du pape d'aujourd'hui ? « Vous êtes non pas le seigneur des évêques, mais l'un d'eux », disait Saint Bernard au pape. Et Bossuet, citant cette parole, ajoutait : « Voilà ce qu'ont toujours dit ceux qui ont été parmi nous les plus pieux. »

Et pour affronter l'Église du dehors, les rois de France avaient leur Église, la plus riche et la plus populeuse de la chrétienté. À la veille de la Révolution, le clergé, premier ordre de l'État, formait une armée de cent mille hommes et possédait trois milliards de biens fonds, cent millions de dîmes. C'était une force invincible aux mains du roi. Il n'en usait pas toujours de la même manière ; tantôt il se servait de son Église pour combattre le pape, tantôt il s'entendait avec le pape, pour la réduire, ou bien encore il la laissait, pervertie par ses chefs, se donner elle-même au pape. C'est ainsi que le vieux Louis XIV, après avoir opposé au Saint-Siège les libertés gallicanes, devint tristement ultramontain. Mais, au besoin, les parlements défendaient le pouvoir du roi contre le roi lui-même. Et l'État trouvait toujours, quand il fallait, sa propre Église pour résister aux usurpations du prince romain. Vous, pour vous défendre, qu'avez-vous aujourd'hui ? L'Église des Gaules a passé à l'étranger. Vous n'avez plus chez vous qu'une milice ultramontaine, des prêtres, des moines, soldats du pape, qui campent dans la République démantelée.

Vos évêques sont vos ennemis, vos ennemis irrités. Le vieux Montalembert, catholique ardent, défenseur généreux du Saint-Siège, ne put voir sans douleur et sans effroi l'abdication de l'épiscopat national devant les usurpations de la papauté. Quelques mois avant sa mort, il écrivait à un catholique allemand : « Si vous pouviez vous figurer l'abîme d'idolâtrie où est tombé le clergé français ! » Depuis lors, l'Église de France s'est enfoncée plus profondément dans l'idolâtrie étrangère. Depuis lors, la papauté est devenue plus avide de domination. Elle vous craint moins encore qu'elle ne craignait Napoléon III, qu'elle a poussé à sa ruine et à notre désastre, et elle nous hait davantage. Elle a été sans pitié pour l'empereur, parce que l'empereur, lui donnant beaucoup, ne lui donnait pas tout. Interrogez ce présage et songez qu'une plus implacable menace est sur vous. Car enfin les gouvernements catholiques, quand ils se repentaient et s'il en était temps encore, elle les recevait à merci. Mais vous, vous n'avez pas de pardon à attendre d'elle, vous êtes à ses yeux comme si vous n'étiez pas, puisque vous n'êtes plus catholiques. Elle vous a irrévocablement jugés et condamnés. Elle hâte le moment d'exécuter la sentence. Vous êtes ses vaincus et ses prisonniers. Elle augmente tous les jours son armée d'occupation ; elle étend tous les jours ses conquêtes. Elle vous a pris déjà le gros de votre bourgeoisie ; elle enlève des villages entiers, assiège des usines ; elle a des intelligences, vous le savez bien, dans vos administrations, dans vos ministères, dans vos tribunaux, dans le commandement de votre armée. Ne lui demandez pas la paix, elle ne veut pas, elle ne peut pas vous l'accorder. Si vous suivez à son égard les règles de vos prédécesseurs, la politique de la Restauration, de la monarchie de Juillet et du second Empire, vous serez amenés à lui donner assez pour la fortifier encore et trop peu pour vous la rendre pacifique ; et vous vous serez fait seulement une ennemie plus redoutable. Gardez-vous de lui rien céder : elle ne vous cédera rien. Elle médite cette fois, non plus de faire concourir le pouvoir laïque à ses desseins et à sa gloire, mais de l'anéantir pour son infidélité. Elle prend votre place, elle se substitue à vous. Le gouvernement temporel des papes, qui était la honte de l'humanité, votre Église travaille ouvertement à l'établir chez vous ; elle veut faire de la France une province des États pontificaux. Elle a déjà dressé sur la butte Montmartre le Saint-Pierre de la Rome nouvelle. Entre elle et vous, il n'y a pas d'alliance possible. Mais, pour vous défendre contre elle, vous possédez une force que les gouvernements monarchiques n'avaient pas : le sentiment populaire, force immense à laquelle rien ne résiste dans une démocratie. Le peuple est avec vous. Demandez-lui des armes. Il vous en donnera.

1. ↑ Voir <u>annexe I</u>.
2. ↑ Voir <u>annexe II</u>.
3. ↑ Voir <u>annexe IV</u>.
4. ↑ Voir <u>annexe III</u>.

ANNEXE I

EXTRAIT DU RÉQUISITOIRE DU PARQUET DANS LE PROCÈS DES ASSOMPTIONNISTES (Audience du 22 Janvier 1900).

… L'Association est en apparence locataire des principaux immeubles qu'elle habite à Paris et en province ; en réalité, elle paraît être propriétaire de la plupart de ces immeubles qui ont été acquis sous forme tontinière par quelques-uns de ses membres, auxquels celles de leurs règles que l'on a pu connaître interdisent de rien posséder personnellement sans l'autorisation de leur supérieur.

L'immeuble de la rue François-Ier, à Paris, notamment, paraît être la propriété d'un M. Baudon de Mony, dont une contre-lettre en date du 29 décembre 1860, soigneusement épinglée au dernier bail par lui consenti en 1897, reconnaît que la propriété appartient aux Assomptionnistes. Cet immeuble, à lui seul, représente une valeur de 1 500 000 francs au moins, d'après l'expert commis par M. le juge d'instruction.

La propriété de Livry appartient à Benjamin Bailly, en religion P. Emmanuel Bailly, qui aurait dépensé notamment 170 000 francs pour l'édification de la chapelle, si on en croit les déclarations du P. Hilaire, économe de la maison, qui reconnaît en outre que des sommes importantes, 100 000 francs environ, auraient été adressées à sa maison en 1897 et 1898 par la maison mère pour les dépenses immobilières.

Il en serait de même d'un établissement dans la Charente-Inférieure, sis à Saint Sulpice de Royan, qui serait la propriété de deux pères assomptionnistes, MM. Chardavoine, 8, rue François-Ier, à Paris, et Broché (Auguste), à l'Alhambra, à Bordeaux ; de l'établissement de Toulouse, propriété des Assomptionnistes Maubon (Joseph), 8, rue François-Ier, à Paris, et Chabaud à Toulouse ; de l'établissement de Miribel-lès-Échelles, propriété des Assomptionnistes Doumet (Émile), Chicart (Jules) et Jacquot (Émile) ; de l'établissement d'Arras, acheté par le P. Halluin, décédé en 1895, qui a laissé, pour légataires universels le P. Ranc, Assomptionniste, Farras et Maubon, prêtres assomptionnistes ; de l'établissement de Clermardis, près Saint Omer, qui appartiendrait à une tontine comprenant les sieurs Vincent de Paul Bailly, François Picard et Germer Durand, Assomptionnistes, rue François-Ier, Bernard Bailly, propriétaire, Louis Cavray, à Arras, et Jean-Baptiste Morel, prêtres. Les autres propriétés semblent appartenir à l'Association sous le couvert de personnes interposées.

Au cours des perquisitions opérées à Paris, le 11 novembre dernier, M. le commissaire de police Péchard a découvert dans la cellule du P. Hippolyte Saugrain, économe général de la Congrégation, une somme d'environ 1 500 000 francs, composée d'or et de billets de banque, ainsi qu'un nombre considérable de titres et de valeurs qu'il avait évalués à 3 ou 400 000 fr. et qui, d'après le P. Hippolyte, ne s'élevait qu'à 130 000 francs. Ce dernier prétend, malgré les affirmations précises et détaillées données par le commissaire de police, dans sa déposition faite sous la foi du serment, qu'il n'y avait pas plus de 79 000 francs en espèces. — Ce chiffre paraît d'autant plus inacceptable que, d'après un document trouvé dans les perquisitions pratiquées à Nîmes, les dépenses effectuées de 1886 et 1892 se sont élevées à plus de 8 000 000 de francs, qui se décomposent ainsi :

Une mission	974 903 fr.
Les maisons de France	1 394 773
Pèlerinage de Jérusalem	3 300 000
Notre-Dame-de-Salut	212 798
Vœu national	94 000
Pèlerinage de Lourdes	2 500 000
Au total	8 670 474 fr.

En outre, « les œuvres de presse dépensent à elles seules plus que toutes les autres maisons, mais gagnent tout ce qu'elles dépensent, et leurs dettes qui sont énormes sont bien inférieures à la valeur des immeubles qu'elles ont dû acquérir », d'après ce document.

On peut en conclure que de ce dernier chef l'économe général a encore un roulement de fonds des plus importants et l'on n'est dès lors point étonné, en présence de l'importance des sommes dépensées, de l'importance des sommes découvertes dans le coffre-fort de cet économe général. Il ne faut pas oublier, en effet, que de 1892 à 1898 les dépenses n'ont pu qu'augmenter en proportion de l'importance croissante que n'a cessé de prendre l'Association.

Pour faire face à ces dépenses énormes, aux termes de la même pièce (Rapport présenté par le T.R.P. Picard, supérieur général des Augustins de l'Assomption), à l'ouverture du chapitre général tenu à Livry du 29 août au 8 septembre 1892, les Assomptionnistes « n'ont rien, absolument rien pour répondre à de pareils besoins ; pas de rentes, pas de fondations, pas de dots. Comme les oiseaux du ciel, nos enfants attendent tous les jours la becquée, et leur père, toujours magnifique, leur envoie chaque jour le pain indispensable ».

On peut supposer que l'Œuvre de Saint-Antoine-de-Padoue, celle du Pain de Saint-Antoine et beaucoup d'autres de même nature ne sont point étrangères à cette remarquable prospérité.

Les ressources de l'Association s'augmentent de dons en nature, ainsi qu'il résulte d'un certain nombre de documents saisis ; c'est ainsi que notamment on voit, dans une pièce saisie à Bordeaux, une lettre du P. Ignace adressée à un tiers, « M. le vicomte de Roussy », que ce membre de la Congrégation sollicite de son correspondant l'envoi d'une pièce de vin dans les termes suivants :

« Et puis en son nom (le P. Picard), je me serais encore permis de vous demander la charité d'une demi-barrique de vin très ordinaire — juste de quoi prendre les forces nécessaires pour donner quelques bons coups de poing aux infâmes gendarmes qui viendront sans doute bientôt pour nous chasser. Quoi qu'en puisse écrire la *sale Gironde*, nous sommes très pauvres ! la preuve, la voici. Vive la pauvreté ! vive la joie ! vive l'Assomption et ses généreux amis ! »

Cette lettre, datée du 10 novembre 1899, a été saisie le 11, avant d'avoir été expédiée.

(Le Procès des Assomptionnistes,
pages 8 et suivantes).

ANNEXE II

Extrait du discours prononcé par M. Combes, au Sénat, le 21 mars 1903, dans la discussion sur le budget des cultes.

Messieurs, je voudrais pouvoir vous lire d'un bout à l'autre les lettres écrites à ce sujet par le ministre des cultes d'alors, Rouland, le ministre des cultes le plus énergique qu'ait eu le second empire, et l'auteur responsable du méfait. Vous y trouveriez l'exposé de la doctrine concordataire fait de main de maître, avec une netteté de vues et une fermeté de langage qui fermaient la voie à toute réplique. J'en citerai un ou deux passages :

« Aux termes de Concordat », écrit le ministre des cultes à son collègue des affaires étrangères, qui avait mission de transmettre la réponse au Saint-Siège, « aux termes du Concordat conclu entre le gouvernement français et le Saint-Siège, l'empereur nomme aux évêchés vacants et le Saint-Père confère l'institution canonique aux ecclésiastiques nommés. Il importe de ne pas perdre de vue le caractère véritable de cet acte et des clauses qu'il contient. Ce n'est pas, comme le soutiennent certains écrivains et comme paraît le supposer S. Ém. le cardinal Antonelli, une pure concession ou décision émanant de l'autorité ecclésiastique, concession ou décision qui, en raison de son origine et de sa nature, puisse s'interpréter dans son ensemble et dans ses détails par les principes du droit canonique, c'est une convention synallagmatique, un traité conclu entre deux puissances indépendantes, qui doit être appliqué et interprété comme toute autre convention internationale, dans le sens que chacune des parties contractantes y attachait légitimement.

« En revendiquant le droit de *nommer* les évêques, le premier consul n'avait pas évidemment la pensée de se contenter d'un simple droit de *patronage*, de *présentation*, régi par les anciennes règles bénificiales : il attachait, sans contredit, au mot nommer son acception ordinaire, et en se réservant à lui et à ses successeurs le droit de nomination des évêques, il entendait se réserver, par cela même, le droit de conférer immédiatement, par le seul fait de la nomination, tous les droits et prérogatives que nos lois civiles attachent ou reconnaissent au titre d'évêque. Tel est, en effet, le sens que le mot *nommer* a, sans exception, dans tous les actes du pouvoir exécutif, et les parties contractantes n'auraient pu lui donner une autre signification sans s'expliquer à cet égard ».

Dans un autre passage, Rouland raisonne de la manière suivante :

« La Cour de Rome exprime, il est vrai, le désir d'une entente préalable sur les candidats de l'épiscopat. Mais cette combinaison très sainement appréciée par M. l'ambassadeur (de France) ne ferait que déplacer la difficulté sans avoir d'effets utiles. L'entente préalable supposerait en effet la production sincère de griefs relevés contre les candidats, une discussion loyale et complète de leurs titres, l'abandon du droit de prononcer *ex informata conscientia* sur le mérite des ecclésiastiques présentés. Or le Saint Père ne voudrait jamais consentir à abdiquer ce qu'il considère comme une prérogative essentielle, il se réserverait toujours d'écarter pour des motifs de conscience les candidats produits ; le Gouvernement maintiendrait sa liste de présentation en demandant à connaître les motifs d'exclusion et le conflit s'engagerait de nouveau sans que la solution fût en rien facilitée. Nous ne pouvons donc accepter une combinaison qui n'aurait d'autres résultat que d'amoindrir le droit du souverain, de substituer en réalité un simple droit de présentation à son droit de nomination, de lui enlever l'initiative qui lui appartient, sans même prévenir le retour des embarras que l'on voudrait écarter. »

ANNEXE III

Extrait du discours prononcé par M. Combes, à la Chambre des Députés, le 18 Mars 1903, pour demander le rejet en bloc des demandes d'autorisation formées par les Congrégations enseignantes d'hommes.

… Vous avez donc le devoir de les écarter toutes, et vous les écarterez par un seul et même vote qui sera, par lui-même et pour l'opinion publique, à la fois l'affirmation et le résumé de toute une politique. *(Applaudissements à gauche et à l'extrême gauche. — Interruption à droite.)*

Messieurs, j'ai la conviction, quoi qu'ait pu dire M. Renault-Morlière, que, par ce vote collectif, vous n'allez à l'encontre ni de la lettre, ni de l'esprit de la loi du 1er juillet 1901. Ne nous perdons pas dans les subtilités, allons droit aux textes. *(Vifs applaudissements à gauche et à l'extrême gauche. — Rires ironiques à droite.)*

Deux textes commandent cette question. Un premier texte, celui de l'article 13, décide qu'une congrégation ne peut exister sans une loi qui l'autorise. Un second texte, celui de l'article 18, stipule que les congrégations auxquelles l'autorisation aura été refusée seront réputées dissoutes de plein droit. Mais aucun texte ne vous condamne à répondre par des refus individuels et successifs à des demandes d'autorisation similaires. *(Applaudissements sur les mêmes bancs.)*

La question des congrégations enseignantes se présente devant vous comme une question de principe en ce qui concerne l'intérêt supérieur de la République, question de principe en ce qui touche la liberté d'enseignement. C'est donc comme question de principe que vous avez à la résoudre. *(Très bien ! très bien ! sur les mêmes bancs.)*

Est-il besoin de dire que nous n'en voulons pas aux personnes, aux individus. *(Exclamations ironiques à droite.)*

Leurs noms, leurs actes, leurs mérites, n'ont rien à faire dans ce débat. C'est aux collectivités que notre jugement s'adresse. Sans doute le Gouvernement a dû entrer dans l'examen de chaque demande. Deux motifs l'y obligeaient. L'un, que M. Renault-Morlière a passé sous silence, c'est qu'il existe un règlement d'administration publique portant application de la loi du 1er juillet 1901, qui prescrit au Gouvernement d'instruire non pas les demandes des congrégations, mais, au singulier, la demande de la congrégation et de la soumettre à l'une ou l'autre Chambre sous forme d'un projet de loi. La seconde raison, c'est que nous avions le devoir de nous éclairer et de vous éclairer sur la nature de chaque demande, sur son importance et sa véritable signification.

Ce faisant, messieurs, nous avons fait ce que les autres gouvernements avaient fait avant nous. Car la législation de

1901 n'a pas innové en la circonstance ; elle a reproduit et confirmé la législation antérieure.

Il y a seulement cette différence entre l'ancienne et la nouvelle législation, que l'ancienne législation n'imposait pas au Gouvernement l'obligation de soumettre aux Chambres les demandes d'autorisation dont il était saisi, et laissait les congrégations absolument désarmées contre son refus, tandis que la nouvelle législation nous fait un devoir de vous apporter ces demandes. Mais il n'y a rien, ni dans les anciens textes, ni dans les nouveaux, qui puisse vous forcer de procéder par délibérations successives à l'égard des demandes de même nature que le Gouvernement vous propose de repousser par des raisons identiques, qui sont des raisons de principe. *(Très bien ! très bien ! à gauche et à l'extrême gauche.)*

Messieurs, ces raisons de principe dominent toutes les considérations d'espèce et de personne. Si votre conviction les adopte, il serait aussi peu séant que superflu d'obliger le Gouvernement à remonter vingt-cinq fois à la tribune pour vous les redire vingt-cinq fois, dans les mêmes termes, en réponse à vingt-cinq demandes identiques. *(Applaudissements à gauche et à l'extrême gauche.)*

Le Gouvernement a conscience d'avoir adopté, d'accord avec la commission, une procédure qui n'a rien de contraire à la législation. La majorité républicaine de cette Chambre ne voudra pas le désavouer, et, en le désavouant, lui rendre impossible la continuation de sa tâche. *(Vifs applaudissements à gauche et a l'extrême gauche.)*

M. Jules Auffray. C'est vous-même qui vous désavouez, monsieur le président du conseil. *(Bruit à gauche.)*

M. le président du conseil. Elle repoussera donc sans hésiter les demandes des congrégations enseignantes. Elle les repoussera aussi sans s'attarder à distinguer entre elles.

M. de Baudry d'Asson. C'est la mort sans phrases.

M. le président du Conseil. L'examen individuel que vous pourriez en faire, ne vous le dissimulez pas, absorberait, non seulement la totalité de cette législature, mais encore la totalité de la législature suivante. *(Très bien ! très bien : à gauche.)*

Que vous ayez eu tort ou que vous ayez eu raison de réserver au pouvoir législatif le droit de statuer souverainement sur les demandes des congrégations, vous êtes en présence du fait accompli. Or, messieurs, si vous voulez vous livrer à l'examen séparé de chaque demande, vous seriez obligés d'inscrire à votre ordre du jour 451 projets de lois. *(Mouvements divers.)*

M. Renault-Morlière. On aurait dû faire ces réflexions en 1901.

M. le président du Conseil. — Outre l'impossibilité d'entreprendre une pareille tâche sans renoncer à tout autre travail, l'examen successif des demandes vous présenterait des traits identiques, se reproduisant uniformément à travers la fantaisie des noms et la variété des costumes. Partout, derrière la diversité apparente des types statutaires, le même courant d'idées circule, la même volonté s'agite, les mêmes espérances contrerévolutionnaires fermentent. *(Applaudissements à gauche et à l'extrême gauche.)* Moralement, toutes ces associations sont calquées sur le même modèle ; toutes ont la même raison d'être, les mêmes aspirations, la même fin.

C'est l'esprit des temps anciens, l'esprit de réaction, qui les a fait surgir des débris du vieux monde comme une négation vivante des principes fondamentaux de la société moderne. *(Applaudissements à gauche et à l'extrême gauche.)*

C'est l'esprit de la société moderne, l'esprit de la Révolution, qui doit les rendre pour jamais à un passé définitivement condamné par les doctrines et les mœurs de la démocratie. *(Vifs applaudissements prolongés, à l'extrême gauche et à gauche. — L'orateur, en regagnant son banc, reçoit de nombreuses félicitations.)*

ANNEXE IV

Extraits du Discours prononcé à Lourdes, le Jeudi 25 Avril 1901, par le P. Coubé, et publié par la « Gazette de France », le 3 mai 1901.

Messeigneurs,

Messieurs,

L'heure n'est pas aux longs discours. Elle est aux actes.

La consécration solennelle de la France au Sacré-cœur de Jésus et à la Très Sainte Vierge, c'est l'acte que le ciel attend de vous, en ce jour, et ce sera, je l'espère, le point de départ d'une série d'œuvres viriles et fécondes pour le salut de notre pays.

Vous êtes venus, en effet, à la face de la France qui suit avec émotion tous vos actes, vous êtes venus proclamer bien haut que vous voulez choisir Notre-Seigneur Jésus-Christ pour votre capitaine, et que vous voulez être désormais ses soldats, ainsi que saint Paul vous le demande : *Lahora sicut bonus miles Christi.*

C'est donc une cérémonie essentiellement martiale qui va s'accomplir, une prestation de serment militaire entre les mains du Roi des Rois, l'entrée en campagne d'une immense armée catholique et ma parole n'est que le coup de clairon qui l'annonce…

Entre le cœur de Jésus et le cœur de la France il y a un pacte sacré.

Le Christ s'est toujours montré, comme disaient nos Pères, bon Français ! Oui, bon Français à Tolbiac ; bon Français à Patay ; bon français à Paray-le-Monial où il nous a montré son Sacré-Cœur ; bon Français à Lourdes, où il a envoyé sa Mère, la Vierge Immaculée, nous inviter à la pénitence par ses paroles, à l'espérance par ses sourires !…

Puisque le pacte d'amour a été brisé par la Révolution il nous faut le renouveler en ce jour. Jadis lorsque les Leudes voulaient proclamer un nouveau roi, ils le hissaient sur un pavois et le promenaient à travers la foule en criant : Noël ! Noël !…

Ce serment d'amour au Christ qui aime les Francs, il en est parmi vous, messieurs, qui le prêteront, sinon avec plus de cœur, du moins avec un accent plus martial que les autres : ce sont les anciens soldats qui ont bien mérité de la France.

J'en vois ici plusieurs et des plus illustres. Je reconnais aussi avec joie ceux que l'on retrouve toujours sur le chemin de l'honneur : ces zouaves qui montrèrent à Patay que leurs épées ne s'étaient pas émoussées au service de l'Église et qu'elles pouvaient encore lancer des éclairs, et Grand Dieu ! quels éclairs ! au service de la France, et je salue d'ici leur bannière sacrée où je baise la trace du sang de leurs aînés et où j'adore le cœur de mon Dieu.

Eh bien, généraux et amiraux qui m'écoutez, officiers, sous-officiers et soldats de France et vous, zouaves de Patay, n'est-il pas vrai que vous aimez Jésus-Christ, d'un immortel amour, et que vous ne craindrez pas, s'il le faut, de verser pour lui votre sang sur le champ de bataille de l'ACTION CATHOLIQUE, comme vous l'avez déjà versé sur les champs de bataille où gronde le canon ?

N'est-ce pas que vous êtes prêts à partir, comme vos pères, pour une nouvelle croisade, en criant : « *Dieu le veut et la France le veut !* »

Mais pourquoi saluer une élite ? Est-ce que nous ne sommes pas tous ici soldats sous la bannière du Christ ? Eh bien ! soldats, en avant, à la conquête de la liberté ! Est ce que, au beau pays de France, la liberté n'appartiendrait qu'aux mécréants et aux malfaiteurs ? *(Non ! non !)*

Est-ce que les catholiques se résigneront plus longtemps à n'être que des parias dans leur vieille et sainte patrie ? *(Non ! non !)*

Est-ce que ce n'est pas intolérable cela ? *(Oui ! oui !)*

Est-ce que vous l'endurerez davantage ? *(Non ! non !)*

Est-ce que vous ne sentez pas un vent de liberté qui souffle de ces montagnes, vous fouette au visage et va demain faire tressaillir le pays ? *(Applaudissements frénétiques.)*

Si vous ne sentiez pas cela, messieurs, je vous dirais malheur à vous ! malheur à la France ! Malheur à vous et malheur à la France si vous ne compreniez pas que l'heure n'est pas seulement à la parole, ni à la prière ; mais qu'elle est à l'action. Catholiques de France ! réveillez-vous !

Nous avons assez de l'Église dormante, faites revivre l'Église militante. *(Salves d'applaudissements.)*

Ce pèlerinage ne serait rien, ne produirait rien, il ne serait qu'un geste banal, si, au bout de ce geste, on ne voyait luire un glaive ? Quel sera ce glaive ?

Celui-là même qui remet entre nos mains la Constitution de notre pays, cette Constitution dont nous sommes, selon le désir de Léon XIII, les observateurs très soumis. C'est le glaive électoral, qui sépare les bons des méchants. La Constitution nous donne le droit de nous en servir : la religion nous en fait un devoir. Bientôt la bataille va s'engager. Eh bien ! sachez-le, il n'y aura à présenter, aux élections prochaines, d'un bout à l'autre du territoire que deux candidats : Jésus-Christ et Barabbas, Jésus-Christ dans la personne des chrétiens, ou, à leur défaut, des partisans de la liberté chrétienne ; et Barabbas sous différents noms : Barabbas, l'anticlérical ; Barabbas, le franc-maçon ; Barabbas, le révolutionnaire ; Barabbas, l'anarchiste ; Barabbas, le communard ! Allez-vous voter pour Barabbas ?

Non, n'est-ce pas, mille fois non ! Ce serait sanctionner les lois impies qui bientôt crucifieraient le Sauveur. Non, vous ne le crucifierez pas vous-mêmes ce Roi bien aimé, et vous ne le laisserez pas crucifier par les autres. On vous le présentera revêtu de la pourpre d'ironie dont l'affubla Pilate. Mais vous l'en délivrerez et vous jetterez sur ses épaules le manteau de la souveraineté législative de la France. Emportez d'ici un programme électoral et qu'il tienne tout entier dans ce mot : « Nous voterons pour N. S. Jésus-Christ, et nous le ferons passer, et nous le ferons triompher ! » Vous voulez le faire Roi, messieurs, faites-en d'abord un législateur.

À la bataille sous l'égide de saint Michel ! C'est l'ange gardien de la patrie, c'est l'ennemi de la Révolution. Il l'a vaincue au ciel dans la personne du premier des révolutionnaires, de celui qu'on oublie de nommer quand on parle des grands ancêtres, le grand ancêtre Satan ! En avant donc avec saint Michel contre la Révolution !

À la bataille sous la protection de Marie. Elle n'est pas seulement la Vierge des cloîtres et du silence, elle est aussi la Vierge guerrière. Elle priera pour nous sur cette montagne, mais à la condition que nous luttions vaillamment dans la plaine.

À la bataille sous le labarum du Sacré-Cœur. Un labarum n'est pas un signe de paix, mais un signe de guerre. Donc, luttons ! c'est un signe de victoire. Donc, espérons !…